Puerta
del Sol

Bilingual Press/Editorial Bilingüe

General Editor
   Gary D. Keller

Managing Editor
   Karen S. Van Hooft

Associate Editors
   Adriana M. Brady
   Brian Ellis Cassity
   Cristina de Isasi
   Linda St. George Thurston

Editorial Board
   Juan Goytisolo
   Francisco Jiménez
   Mario Vargas Llosa

Address:
   Bilingual Press
   Hispanic Research Center
   Arizona State University
   PO Box 872702
   Tempe, Arizona 85287-2702
   (480) 965-3867

To Tom & Mary Graham

Puerta del Sol

Hope you enjoy
some of these
Spain - inspired
pieces

Francisco Aragón

FRANCISCO ARAGÓN

I enjoyed looking at
your work and look forward
to seeing more.

Bilingual Press/Editorial Bilingüe
TEMPE, ARIZONA

Ragdale
Lake Forest, IL

May 4,
2008

ISBN 1-931010-28-5

Library of Congress Cataloging-in-Publication Data

Aragón, Francisco.
    Puerta del sol / Francisco Aragón.
        p. cm.
    English and Spanish.
    ISBN 1-931010-28-5
    1. Hispanic Americans—Poetry. 2. California—Poetry. 3. Spain—Poetry. I. Title.
PS3601.R34P84 2004
811'.6—dc22

                                                                    2003063860

PRINTED IN THE UNITED STATES OF AMERICA

Cover and interior design by John Wincek, Aerocraft Charter Art Service
Cover adapted from a photo by Francisco Aragón

Acknowledgments appear on pp. 104–107.

also by
Francisco Aragón

Poetry

Tertulia (2002)
In Praise of Cities (2002)
Light, Yogurt, Strawberry Milk (1999)

Translations

From the Other Side of Night (2002)
Sonnets to Madness and Other Misfortunes (2001)
Of Dark Love (1991)
Body in Flames (1990)
Lorca: Selected Verse (cotranslator, 1995)
Federico García Lorca: Collected Poems (cotranslator, 1991)

Editions

Dánta: A Poetry Journal, #1 & 2 (2002/2003)
Mark My Words: Five Emerging Poets (2001)
Berkeley Poetry Review, #23/24 (1989)

CONTENTS/ÍNDICE

II

Puerta del Sol

NOTES ON THE SPANISH

Making this a bilingual collection was a personal decision—
or, rather, elaborating the Spanish versions of these poems
myself was personal: at my mother's funeral I briefly addressed
her friends, saying that one of her gifts to me was raising me
in Spanish. And yet, as someone born and educated in the
United States, English inevitably became my principal lan-
guage. I spoke Spanish but was illiterate—I couldn't read or
write it—until I graduated from college. Studying, living, trav-
eling, and working in Spain for ten years helped. To this day,
however, whenever I open my mouth in Spain, it is clear I am
not a native. I usually say that I am from California, which is
my way of implicitly affirming that Spanish is indeed common
currency there. Still, during those years when visiting home
from Madrid, my mother's friends often remarked that I spoke
like a Spaniard.

One might say, therefore, that the Spanish I have access to
is *hybrid,* in both accent and vocabulary. The result—where
this collection is concerned—is that any given reader may
encounter words or expressions that are not immediately
familiar. Sticking to one mode—my mother's Spanish, or
peninsular Spanish—briefly crossed my mind. But in the end
I concluded that it would not be true to the language I engage
with. My hope, therefore, is that bilingual readers approach
Puerta del Sol with an open mind, keeping in mind the geogra-
phies that inform it.

Having said that, Spain *is* the backdrop of this book. But I
would like to think the poems are those of an American in
Spain—a Latino of Nicaraguan descent, in Spain. When it
came to making linguistic choices, however, what most held

NOTAS SOBRE EL ESPAÑOL

El hacer ésta una colección bilingüe fue una decisión personal—o, mejor dicho: elaborar *yo mismo* la versión en español de estos poemas fue algo personal: en el funeral de mi madre me dirigí a sus amigas, diciendo que uno de los regalos que me hizo fue el criarme *en* español. Y sin embargo, siendo alguien que nació y se formó en Estados Unidos, el inglés, de forma inevitable, llegó a ser mi idioma principal. Hablaba el español, pero era analfabeto—no podía ni leerlo, ni escribirlo—hasta dejar la universidad. Estudiar, vivir y trabajar en España durante diez años también ayudó. Hasta el día de hoy, sin embargo, cuando abro la boca en España, está claro que no soy un nativo. Suelo decir que soy de California, que es mi manera de afirmar que el español es moneda común allí. Sin embargo, durante aquellos años, cuando estaba de visita en Estados Unidos, las amigas de mi madre me decían que yo hablaba como un español.

Por lo tanto, uno podría decir que el español al que yo tengo acceso es *híbrido,* tanto en su acento como en su vocabulario. Es posible, entonces, en cuanto a este poemario, que cualquier lector encontrará alguna palabra o expresión que no le es inmediatamente conocida. El usar un solo modo—el español de mi madre, o el español peninsular—me pasó por la mente. Pero al final llegué a la conclusión que el hacer eso sería infiel al idioma que yo hablo y entiendo. Les pido, por lo tanto, a los lectores bilingües que se acerquen a *Puerta del Sol* con la mente abierta, teniendo en mente las geografías que los inspiran.

Eso dicho, España sí que es el telón de fondo de este libro. Pero me gustaría pensar que son poemas de un estadounidense en España—un hispano de origen nicaragüense en España.

xiii

sway was sound—the pleasure of sound, not subject. I am deliberately avoiding the term "translation." The method I followed resembled it, but because they were my own poems, I felt no inclination to remain wholly faithful to the English. I prefer the term "elaboration." This may have involved rewriting, reordering, or re-creating specific lines.

But I was not alone in my task. After taking a poem as far as I could, my good friend Abelardo Casado provided valuable feedback on my peninsular Spanish. My revisions were then scrutinized back in California by Francisco X. Alarcón, who has been writing and publishing poetry in Spanish in the United States for years. But Alarcón did not hesitate in accepting as valid words or expressions that were natural to my ear because of my years in Spain. And I took great pleasure in explaining them to Casado because of my years of listening to my mother and her friends—women primarily from El Salvador, Guatemala, and Mexico, as well as Nicaragua, who lived and worked in San Francisco.

Francisco Aragón
NOTRE DAME, 2004

Pero cuando tuve que hacer elecciones lingüísticas, lo que tuvo más peso fue el sonido—el placer que produce un sonido, y no un tema particular. Evito, de forma deliberada, el término "traducción". El método que seguí parecía eso. Pero dado que eran mis propios poemas, no sentía la inclinación de mantenerme estrictamente fiel al inglés. Yo prefiero el término "elaboración". Esto supuso el re-escribir, re-ordenar o re-crear algunos versos. Pero no estuve solo en mi tarea. Después de hacer todo lo que pude con los poemas, mi buen amigo, Abelardo Casado, los leía y hacía sugerencias de cómo afinar mi español peninsular. Luego, en California, Francisco X. Alarcón, que ha escrito y publicado poesía en español en los Estados Unidos durante años, daba a mis versiones otro repaso. Pero Alarcón nunca ponía en duda la validez de palabras o expresiones que para mí eran naturales por mis años en España. Y me complacía explicarle a Casado palabras o expresiones que me resultaban familiares por haber escuchado, durante años, a mi madre y sus amistades—mujeres, sobre todo, de El Salvador, Guatemala, y México, además de Nicaragua, que vivían y trabajaban en San Francisco.

Francisco Aragón
NOTRE DAME, 2004

a mi madre

(1 9 3 2 – 1 9 9 7)

Air an instrument of the tongue,
The tongue an instrument
Of the body. The body
An instrument of spirit . . .

ROBERT PINSKY

Rubén Darío As Prelude

I envy that tree.
It barely feels.
Envy even more
this stone
that hasn't felt
for ages. Tell me
of an affliction
more acute
than breathing,
of something worse
than knowing
that we are, yet
knowing nothing,
unsure of which
path to take.
And what to make
of this sense
we're on a wheel,
uncanny hunch
of bleaker things
to come, the only truth
one day we die?
We endure this life,
shadows, what we
ignore and hardly
suspect, skin that glows
like a shimmering piece
of fruit, visions
of a wreath
beside a tomb, all
the while without
a clue
of where we began,
where we go.

I

Plaza

My first day the weather

was something I wore—August
a sweat-lined shirt
like a second skin. Sitting

beside me, his hands were folded
over the knob of his cane, our circle
of shade a scarce coin. ¿Cómo se llama

este lugar? I began—a harmless
one: *What's this place called?*
Plaza Góngora, he says

his voice a ball of twine—born
he offers, raised in the green
north. *And what about,* I say

the war? and he lets go, unwinding
slowly . . . his wound, the evaded
execution, the clinics—para mis

nervios, he sighs, unfolding little
by little (the rim of his beret
moist now as he shifts his weight)

his hands, his tongue, unexplored land

Plaza

Mi primer día llevaba puesto

el tiempo como prenda—agosto
una camisa forrada de sudor
como una segunda piel. Sentado

a mi lado, sus manos dobladas,
apoyadas en su bastón, nuestro
círculo de sombra una moneda escasa.

—¿Cómo se llama este lugar?
empecé: una pregunta inocua
—Plaza Góngora, dice

su voz una bola de hilo enrollada
—nací, añade, crecí en el norte
verde —¿Y sabe algo, le dije

de la guerra? y se suelta, desenmarañándose
despacio . . . su herida, evadiendo
el paredón, las clínicas—para mis

nervios, suspira, desdoblando poco
a poco (el borde de su boina
sudando mientras remueve su peso)

sus manos, su lengua, tierra sin explorar

City Moon

Perfect disc of moon, huge
and simmering
low on the capital's filthy horizon—¡Ay,
qué luna más hermosa! she says
pushing the stroller slowly down Atocha.
And gorgeous too the firm-thighed

boys from Lisbon
a block away, who work
Kilometer Zero's sidewalk, the neon
shoestore they lean against
cupping the flames
of passing strangers.

The sky above Puerta del Sol turns
a darker shade of blue. Who says
it doesn't become night's
one eye
as it scales the heavens, paling
and shrinking before it moves

across a late June sky? And below,
men persist and circle
the plaza, twin fountains brimming
over their brilliant waters. Hours
from now with the heat
waning, the same moon will spot

the figure of him
making past Neptune, the Ritz
the orange jumpsuits
hopping off trucks to sweep
and spray, hosing
down those electric streets.

Luna urbana

Disco perfecto de luna, enorme
y a fuego lento, rozando
el horizonte sucio de la capital—¡Ay,
qué luna más hermosa! dice ella
empujando el cochecito de niño por Atocha.
Y espléndidos también los muslos

de los muchachos de Lisboa
a una manzana, que trabajan
en la acera del Kilómetro Cero,
la zapatería de neón donde se apoyan,
escudando con la mano el fuego
de extraños que pasean por allí.

El cielo sobre la Puerta del Sol toma
otro tono de azul. ¿Quién dice
que no se convierte en el único
ojo de la noche
al escalar: palideciendo
y menguando antes de cruzar

el cielo de finales de junio? Y abajo,
hombres persisten, dando vueltas
por la plaza, las fuentes gemelas rebosantes
de aguas luminosas. De aquí
a unas horas con el calor
desvaneciéndose, la misma luna verá

su figura
pasando Neptuno, el Ritz,
los monos de color naranja
que saltan de los camiones a barrer
y pulverizar, regando
esas calles eléctricas.

CAFÉ CENTRAL

Plaza del Ángel, Madrid

Of the three
    the one on his feet, a Dane—
slightly hunched, his arms loosely

    hugging, from behind, the hip-
shaped instrument of wood, his fingers
    punishing the strings picking

up speed as he grunts
    just audibly, the notes
of his solo

    within the piece, his forehead
near the rafters
    glistening . . . till he gives

the one from Catalonia
    at the keys
who can't see a thing

    in or out of those shades
a look, as if
    to say almost pleading *reel*

me in! So when finger and thumb
    strike—lighting the fuse—
both player and bass are pulled

    back down between piano
and drums, the three
    in the end hovering

safely near the ground again

in memory of Tete Montoliu (1933-1997)

CAFÉ CENTRAL

Plaza del Ángel, Madrid

De los tres
    el que está de pie, un danés—
        ligeramente inclinado, abrazando

suavemente, por detrás, las caderas
    de su instrumento de madera,
        sus dedos castigando las cuerdas ace-

lerándose mientras gruñe
    de forma apenas audible
        las notas de su solo

dentro de la pieza, su frente
    reluciente
        cerca del techo . . . hasta que dirije

una mirada al catalán
    que está ante
        el teclado, que no ve nada

con o sin esas gafas
    de sol: como si
        le dijera suplicando *¡Recu-*

pérame! Así que al tronar dedo
    y pulgar—encendiendo la mecha—
        músico y contrabajo

descienden entre piano
    y batería, cerniéndose
        al final los tres

a salvo sobre el suelo otra vez

a Tete Montoliu (1933-1997)

OF RAIN AND GUITARS

The drops lengthen,

become threads streaming
across the glass over-
lapping as the sun
reappears: my bus, and cars

glint in the sudden light, hiss
down Velázquez, the May
shower brief,
speeding windows laced

with water: that
is how you think of it—born
of those strings
a network of strings, patterns

pleasing to the ear. It hardly
compensates
and yet daily you walk
down those stairs, past

the underground bar,
the lottery tickets for sale
across a blind man's chest,
a Labrador napping at his feet . . .

anticipating it, sifting
out the footsteps, *kuklunk*
kuklunk of the turnstiles
till you hear it, distilled and floating

DE LLUVIA Y GUITARRAS

Las gotas se alargan,

se vuelven hilos que fluyen
por el cristal entre-
cruzándose mientras el sol
reaparece: mi bus y los coches

destellan en la luz repentina, chirrian
por Velázquez—este chaparrón
de mayo breve,
ventanas veloces con encajes

de agua: así
piensas de ello—nacida
de aquellas cuerdas
una red de cuerdas, estampados

que hacen al oído gozar. Apenas
compensa pero todos
los días bajas
aquellas escaleras, pasando por

el bar subterráneo,
los cupones de lotería a la venta
en el pecho del ciego,
su Labrador adormilado a sus pies . . .

anticipándolo, separando
los pasos, el *kuklunk*
kuklunk del torniquete
hasta oírlo, puro y flotando,

up the station's cavern. And over
on your left a hand ascends
gripping the black rubber, forearm
sleeveless in the warm

phantom wind, his brown hair
sprinkled with gray, his face
a face that sticks, assuming its beat
in the city's pulse

like the big varnished spider
at the bottom of
the moving stairs, spinning
its invisible web above

you and your briefcase;
and the platform
packed
as always, this week the same

as last. Turning your head for a glance
at its shape, the strings, the hole,
you barely blink
(unfurled embroidery

of sound billowing) when you see
not the player's hand
fingers plucking, but
a flesh-colored moth fluttering in place.

subiendo de la caverna de la estación . . .
y a la izquierda una mano asciende
agarrada al pasamanos de goma, el brazo
sin manga en el cálido

viento fantasma, su cabello marrón
con canas, su rostro
un rostro que se te queda, asumiendo el ritmo
el latido de la cuidad

como la gran araña barnizada
al pie de
la escalera mecánica, tejiendo
su tela invisible sobre

ti y tu maletín;
y como siempre
la muchedumbre en
el andén, esta semana como la semana

pasada. Te vuelves para ojear
su forma, sus cuerdas, su hoyo,
y apenas parpadeas
(el bordado desdoblado

de sonido ondula) cuando ves
no la mano del músico,
sus dedos tocando, sino una
mariposa color-de-piel, revoloteando.

THE BUS DRIVER

His visions

are spilled across the pages
of sketchbooks. When he isn't
gripping the wheel he's gripping
a pastel—*his* Madrid

a city on the water
like a shimmering image
of Venice but for
the skiffs—not gondolas—moored

along his penciled façades . . .
And where Alcalá
and Gran Vía converge, canals
merge to one, coursing

past Casa de América
before threading the neoclassic
arches of Puerta
de Alcalá, and flowing

beside Retiro Park . . . Miles
further, his water cascades
over the lip of the bullring
at Ventas—the resulting pool

(in a different drawing) is immense . . .
And the five-star hotel
no longer overlooks
Plaza de España—luxury suites crown

CONDUCTOR DE BUS

Sus visiones

están derramadas por páginas
de cuadernos. Cuando no
aprieta el volante aprieta
un lápiz de color—*su* Madrid

una ciudad sobre el agua
como una imagen trémula
de Venecia pero con
esquifes—no góndolas—amarrados

junto a sus edificios dibujados . . .
Y donde Alcalá
y Gran Vía convergen, los canales
se funden, formando uno que pasa

por la Casa de América
antes de que enhebre los arcos
neoclásicos de la Puerta
de Alcalá y fluye

bordeando el Retiro . . . Kilómetros
adelante, su agua cae en cascada
llenando la Plaza de Toros
de Ventas—la piscina que resulta

(en otra lámina) es inmensa . . .
Y el hotel de cinco estrellas
ya no tiene vistas
a la Plaza de España—sus suites coronan

the high-rise behind the slender
city beach. In his sleep he isn't
a driver but a captain stepping
down into his red

windowed craft—the 53 surging
and pausing
in the rush-hour swells
of Goya Canal, then veers

left at Columbus Square
into the city's rippling
spine—la Castellana—
eventually steers right

at gown-draped Cibeles
and her chariot
of lions, past
the Bank of Spain, the ferry

finally docking at the end
of the line—Puerta del Sol
bereft of fountains,
newsstands, rent boys,

the plaza now a port

la torre que se levanta detrás de una
playa estrecha. Mientras duerme, no es
un conductor sino un capitán
que embarca en su navío

rojo con ventanas—el 53 avanza
se detiene, avanza en el oleaje
de la hora punta
por el Canal Goya y luego vira

a la izquierda en Colón, entrando
en la ondulante espina dorsal
de la ciudad—la Castellana—
después gira a la derecha

en Cibeles con sus túnicas,
su carro tirado
por leones, pasando por
el Banco de España

atracando por fin al final
de trayecto—la Puerta del Sol
sin fuentes,
sin kioskos, sin chaperos,

la plaza es ahora un puerto

POEM

   . . . *it's that I'm*
from
   Catalonia
he says
   his tongue
a loom
   weaving
with intricate
   pride the sound
of the moon
   as in *luna*
but making it
   swell
like they do
   mouthing
Catalu-
   nya   Catalu-
nya
   ¡Es que soy
de
   Cataluña!

POEMA

. . . es que soy
de
    Cataluña
me dice
    su lengua
un telar
    tejiendo
con orgullo
    intricado sonido
de luna
    pero
inflándolo
    como lo hacen
ellos
    articulando
Catalu-
    nya   Catalu-
nya
    ¡Es que soy
de
    Cataluña!

ALL SAINTS' DAY

Laguna Beach smolders
in its ashes and River
Phoenix
slips and falls, rolling

off the planet
as Santa Ana winds
head north now
for Malibu while on the other

side of the globe Giulietta
Masina feels a warmth
on her cheek: her husband's gaze—
awakened from sleep

speechless, saying
with his eyes, *This*
is all there is, the scene
replayed in her head

these last few nights
as he nears the edge.
And north of here
on the coast, another wife's wish

is fleshed out: the husband—
sedated and wearing
a blue parka
that isn't his—pulls

open a tavern door
walks in and calls
a cab,
his limbs and organs

DÍA DE TODOS LOS SANTOS

Laguna Beach hecha
rescoldos y ceniza
y River Phoenix
resbala, cayendo

del planeta mientras
los vientos Santa Ana
se dirigen ya al norte
hacia Malibú y en el otro

lado del globo Giulietta
Masina siente un calor
en la mejilla: la mirada
de su marido, despierto ya,

sin habla, diciendo
con los ojos, *Sólo hay
esto*—la escena se repite
en sus sueños

estas últimas noches,
y él acercándose a la orilla.
Y al norte de aquí
en la costa, el deseo de otra mujer

se hace carne: el marido—
sedado y llevando
una chaqueta azul
que no es la suya—abre

la puerta de una taberna,
entra y llama
a un taxi,
sus miembros y órganos

intact, free
after a hundred
and seventeen days
his captors paid. But if

her husband had been
another—the army doctor
down the block
a year short

of retiring—and she
his wife,
she would have poured
two cups of coffee

that morning, helped
him with his beige
coat, and then the slow
ride to the ground floor

where he stands at the lip
of his building
scanning the street: the routine
before he steps

onto pavement, his driver
waiting,
the car bulletproof,
kittycorner to the blue

marquee: at night
it glows, lit
from within—remodeled
Citibank

in front of which a man
on his feet blows
his breath
into a flute. And if you had been

intactos, libre
después de ciento diecisiete
días—sus apresadores
han cobrado. Pero si

su marido hubiera sido
otro—el médico militar
a una manzana,
un año antes

de jubilarse—y ella
su esposa,
habría servido dos
tazas de café

esa mañana, le habría ayudado
a ponerse su abrigo
de color beige, y luego
el ascensor hasta la planta

baja, donde él está a la orilla
de su casa
escrutando la calle: la rutina
antes de poner pie

en la acera, su conductor
esperando: el coche
a prueba de balas
enfrente de la marquesina

azul—de noche
brilla con su luz
interior: sucursal de Citibank
remodelada

delante de la cual un hombre
de pie sopla
su aliento
en una flauta. Y si tú hubieras sido

the Tuesday morning pedestrian
pushing
open the glass door
after getting some cash

you would have heard the string
of his melody
rise
and mingle with the notes

spitting out of the Parabellum
pistols: the two, hooded, slip
into an alley and out
of sight a block away from where

you emerged the day before
at dusk: mouth
of the Metro, teenage girl and boy
passing out flyers

handing one to you
as you reached
the surface of the city
at Conde Peñalver

and Alcalá, commuters jostling
past or stopping to buy
a lottery ticket
from the blind albino

up against the wall
absorbing
the waves of traffic
footsteps and the smell already

of chestnuts roasting in the barrel
at the corner;
and taking that piece
of paper you headed

un peatón una mañana del martes
empujando
la puerta de cristal
después de retirar dinero

habrías oído el hilo
de su melodía
subir
y mezclarse con las notas

que escupían las pistolas
parabellum—los dos con caras
cubiertas desapareciendo por un
callejón a una manzana de dónde

saliste el día anterior
al atardecer: la boca
del Metro, un chico y una chica
repartiendo publicidad

dándote una hoja
cuando alcanzaste
la superficie de la ciudad
esquina Conde Peñalver

y Alcalá, viajeros pasándote
o parando a comprar
lotería
del albino ciego

de pie contra una pared
absorbiendo
las olas de tráfico
los pasos y el olor

de castañas asándose en un barril
en la esquina;
y agarrando ese trozo
de papel te dirigiste

home, pausing a moment
to feel a warm
wind on your face,
sidewalk acacias

letting loose another round
of leaves—the golden
net
sailing overhead before settling,

whispering along the ground
as you crumpled
Telepizza's
printed pitch, tossing

it into a green
plastic wastebin
fastened to a lamppost at the edge
of the curb: same

as the one the doctor will grasp
the next morning, wrap
his arms around, wrenching
it free

as he falls, trash
spilling
to the ground
meters from the car.

Madrid

a casa, deteniéndote
para sentir un cálido
viento en tu cara,
las acacias en la acera

soltando otra ronda
de hojas—esa red
dorada, flotando
en el aire antes de aterrizar,

murmurar sobre el suelo
mientras arrugas
el anuncio impreso
de Telepizza, tirándolo

en una papelera verde
de plástico sujeta
a la farola en la orilla
del bordillo: igual

que la que el médico agarrará
la mañana siguiente,
abrazándola,
arrancándola mientras

se desplome la basura,
derramándose
en el suelo a unos
metros del coche.

Madrid

29

FEBRUARY SNOW

The tint of the sky between sunset and night.

And wandering with you and your nephew
in that maze, half-lost—*Madrid
of the Austrias*—looking for Plaza of the Green

Cross where, days before you arrived,
an Opel with false plates was parked, its wheels
straddling the curb, and so the van

heading for the barracks that morning
had to slow to squeeze
past . . . Back at the hotel your mom

is holding up her gift—Amethyst, she says
admiring how light
when passing through a prism

bends. At his window that morning before we
    began
my student said, ¡Qué bonito!, watching it drift
and descend, settling on roofs and cars.

And I think of you and your wife
and daughter: getting to see Madrid
in white, your visit winding down, and how

I had wanted that lesson to end
to get to the park—Retiro, they say, is the city's
one lung, and the way the feel and sound of steps

cease
when grass is completely covered
as if walking on a cloud. The year before

NIEVE DE FEBRERO

El matiz que toma el cielo al anochecer.

Y deambulando contigo y tu sobrino
en ese laberinto, medio-perdidos—Madrid
de los Austrias—buscando la Plaza

de la Cruz Verde donde, días antes de tu llegada,
un Opel con matrícula falsa estaba aparcado, dos ruedas
en la acera, de manera que la furgoneta

dirigiéndose al cuartel aquella mañana,
tenía que ir despacio para apenas
pasar . . . De vuelta al hotel tu madre

levantaba su regalo—Amatista, dice,
admirando cómo la luz
cuando pasa por un prisma

se desdobla. En su ventana aquella mañana antes de
    comenzar,
mi alumno dijo: ¡Qué bonito!, mirando cómo flotaba
y bajaba, terminando en los tejados y los coches.

Y pienso en ti, tu esposa
y tu hija: pudiendo ver Madrid
de blanco, tu visita se acaba, y cómo

yo había querido que la clase se acabara
para ir al parque—el Retiro, dicen, es el pulmón
de la ciudad, y la forma que el sentido y sonido de los pasos

cesan
cuando la hierba está completamente cubierta
como al andar sobre una nube. El año anterior

on a visit from the coast, a friend
sitting at a window
watched the flakes flutter

and fall, dissolving before reaching
the ground—aguanieve, he said
while from a town near Seville

B-52s were lifting off . . .
I was in a trance that week
though like most things the war

in the Gulf was soon another
backdrop, like the string of car bombs
the following year. And yet that morning

as soon as I heard, something led me
not to the park but down
to City Hall, workers in the street

evacuated, sipping coffee, though I never reached
the site—of course it was cordoned
off, the spray of glass, the heap

of twisted metal, and so later learned their names
their lives. Of the five
there was one: a postal clerk who

as a boy, would plunge his hands
into the white, the cold
a sweet jolt

whenever he got to touch
the stuff, scooping
it tightly into a ball

like the ones he would dodge and throw
years later
at his wife-to-be: those weekends,

durante su visita, un amigo de la costa
sentado junto a una ventana
miraba los copos revoloteando,

cayendo, disolviéndose antes de alcanzar
la calle—aguanieve, dijo
mientras desde un pueblo de Sevilla

los B-52 despegaban . . .
Estaba en trance aquella semana
pero como todo la Guerra

del Golfo se volvió un telón
más, como los coches-bomba
del año siguiente. Pero aquella mañana

en cuanto lo supe, algo me dirigió
no al parque sino
al Ayuntamiento, los empleados en la calle

evacuados, sorbiendo café, aunque nunca llegué
a la escena—por supuesto que estaba
acordonada, cristales hechos añicos, montones

de metal retorcidos, después aprendí sus nombres
sus vidas. De los cinco
había uno: un empleado de correos que

de niño, hundía sus manos
en lo blanco, el frío
un sobresalto dulce

cuando conseguía tocar
aquello, cavando con las manos
para hacer una bola

como las que esquivaba y tiraba
años después
a su futura esposa: aquellos fines de semana,

those places—away from city air—
a release . . . Miraflores, Siete
Picos, Rascafría . . . *It's in*

his blood, she would come to say
chatting with a neighbor
about his thing for snow—the way it falls

softly, blanketing roofs
and groves, villages
nestled in the Sierra's

hills: it is February
and she is picturing him
and the boy, up there now

playing, horsing around

esos sitios—lejos del aire de la ciudad—
un alivio . . . Miraflores, Siete
Picos, Rascafría . . . Lo lleva

en la sangre, llegaría a decir la mujer
charlando con una vecina
sobre su afición por la nieve—como cae

suavemente, cubriendo como una manta
tejados y arboledas, los pueblos
situados en la falda

de la Sierra: es febrero
y ella le imagina
allá arriba, jugando

con el niño, haciendo payasadas

FIRST TIME OUT

White-capped skin of the deepest blue

and the hoisting of Jenny—the lines,
the ropes, the intricate knots—
begins: codes of doing
and undoing, as if this were ritual
unfurling, paying tribute . . .

with gentle
and ungentle swells
never ceasing—what some call
a wonderful wholeness
in motion—this rise

this fall a heaving,
sighing, or merely the Mediterranean
    releasing
the breath
that sustains, fulfills

the sail

MI PRIMERA SALIDA

Piel encabrillada de un azul profundo

y el izado de Jenny—las cuerdas,

los cabos, los complicados nudos—

comienza: códigos de hacer

y deshacer, como si esto fuera

un desdoblamiento ritual, tributo . . .

con un suave

y no tan suave oleaje

que no cesa, lo que algunos llaman

maravilloso movimiento

continuo—esta subida

esta bajada: elevarse y descender,

suspirar, o meramente el Mediterraneo

    expulsando

el aliento

que llena, realiza

a la vela

THE HIKE TO *BIG FOUNTAIN:* GRANADA

Mi corazón reposa junto a la fuente fría
—F.G.L.

A sheen coating my skin;

and cypress: foliage that absorbs—
releases a mist that overspills
the shrubs along the embankment,

drifts across this road that links
Alfacar and Víznar, where dogs growl,
hurling themselves at wooden gates.

And no one really knows exactly
where—his final place. Better to ask
the dirt, this infamous patch of Spain:

a roadside park named after him,
the bend above a spring Moors
according to locals, carved irrigation from

—Fuente Grande, they say, or
explains one: La Fuente de las Lágrimas,
his cane pointing the way.

CAMINATA A FUENTE GRANDE: GRANADA

Mi corazón reposa junto a la fuente fría
—F. G. L.

Una capa reluciente en la piel;

y cipreses: follaje empapado—
soltando una neblina que rebosa
los arbustos del talud, flotando

por la carretera que enlaza Alfacar
y Víznar, donde perros gruñen,
lanzándose contra portillos de madera.

Y en verdad nadie sabe exactamente
dónde—su último lugar. Mejor preguntar
a la tierra, este parche infame de España:

un parque que lleva su nombre, junto a la carretera:
la curva rodeando un manantial desde donde
según los lugareños, los moros regaban

—Fuente Grande, dicen, o
explica uno, La Fuente de las Lágrimas,
su bastón señalando el camino.

TERTULIA

The unmarried Supreme
Court judge and his
favorite cousin

would meet us there. Whoever
arrived first secured
a table and chairs—

the swirling black
marble, the red plush
and waiters in white criss-

crossing in the mirrors:
Café Gijón the space
for after-lunch coffee

and chat where names
of authors, films,
and politicians were passed

around in light-
hearted or at times heated
exchange, the verbal sparring

a manner of play
that would begin about
four, stretching to half

past six, whether you
could or couldn't make it
on any given

Saturday . . . Think
for a moment
of something you love to do

and rarely do anymore. That
is how I often feel
whenever I'm away.

TERTULIA

Al magistrado soltero
del Tribunal Supremo
y su primo preferido

les veíamos allí. El que
llegaba primero
cogía mesa y sillas—

el mármol negro con
remolinos, la felpa roja,
y camareros de blanco entre-

cruzándose en los espejos:
el Gijón era el sitio
del café de sobremesa

y charla donde nombres
de autores, películas
y políticos se compartían,

el intercambio alegre
volviéndose a veces
disputa—ligera lucha verbal

una forma de juego
que duraba de
las cuatro hasta pasadas

las seis, lo mismo si uno
podía, o no, acudir
cualquier tarde

del sábado . . . Piensa
un momento, en algo
que te encanta hacer

y apenas haces ya. Así
a menudo, es cómo me siento
cuando estoy fuera.

Quiero llorar porque me da la gana,
como lloran los niños del último banco,
porque yo no soy un hombre, ni un poeta, ni una hoja,
pero sí un pulso herido que ronda las cosas del otro lado.

FEDERICO GARCÍA LORCA

THE LAST DAYS OF MY VISIT

I

It wasn't so much the rain

but the lack of light
was getting to me
                a miserable
absence of blue
                That,
and the way her breathing
had quickened—the short
moans at night from across the hall
even while she slept.

With her one day in a cab going
to Paratransit
for taxi vouchers, my eyes
settle on the few

wisps of hair
                straggling
out from under her black
beret
        . . . *rustic men,* I tease,
wear them—it's called
a boina *in Spain* . . .
                as we
approach a stop and I
turn away
                Water
weaving
        down glass,

the city a gray blur

LOS ÚLTIMOS DÍAS DE MI VISITA

I

No era tanto la lluvia

sino la falta de luz
me fastidiaba
            una triste
ausencia de azul
            Eso,
y cómo su respiración
se había acelerado—cortos
gemidos nocturnos a través del pasillo
incluso cuando dormía

Con ella un día en un taxi camino
de Paratransit para recoger
bonos de transporte, fijo la mirada
en unos cuantos

cabellos
            que se asoman
por debajo de su negra
gorra
      . . . hombres rústicos, bromeo
las llevan—en España
se llama *boina* . . .
                  mientras
llegamos a un alto y
vuelvo la mirada
                  Agua
tejiéndose
            por el cristal,

la ciudad un borrón gris

II

And yet the day before I flew
back to Madrid
that low coastal layer

dispersed, the sky radiant that morning
as we drove up Parnassus
taking her in for an MRI.

Walking the carpeted halls, I paused
at the banister looking
through the glass, hardly believing the scope

of the view: on the far, far right, downtown
a glimpse of City Hall; and panning
left, the spires of USF while in

the foreground tiny joggers circled
the rust-colored track
at Kezar; and taking the pan further

the de Young, peering just above
the park's oblong thicket
of green—all of it somehow

soothing, before my eyes came to rest
on the Pacific Ocean
as I hope it might have been, weeks later,

for her: brother wheeling the bed
into the living room,
propping it up to face, she insists,

the windows facing the street:
the two slim sidewalk
trees—Purple-Leaf Plum—

Friends of the Urban Forest
at her request
had planted in front of our home

on Fair Oaks

II

Y sin embargo el día antes
de volver a Madrid
esa capa de nubes a lo largo de la costa

se dispersó, el cielo radiante esa mañana
manejando cuesta arriba por Parnassus
para hacerle una resonancia.

Deambulando por los pasillos, me detuve
ante una balaustrada, mirando
a través del cristal, sin poderme creer el alcance

de la vista: muy pero muy a la derecha, el Centro,
una ojeada del City Hall; y girando
hacia la izquierda, las torres de USF mientras

en primer plano, unos minúsculos deportistas
corrían por la pista ocre
de Kezar; y continuando llegué

al de Young, que se asoma por encima
de la maleza verde rectangular
del parque—todo esto una forma

de alivio, mi mirada llega a descansar
sobre el Océano Pacífico, como espero
lo hubiera sido quizás, semanas después,

para ella: mi hermano empujando la cama
hacia el salón, subiéndola
para mirar, insiste ella,

por las ventanas que dan a la calle:
dos árboles pequeños
en la acera—ciruelos de hojas moradas—

que los Amigos del Bosque Urbano,
a petición suya,
habían plantado delante de nuestra casa

en la calle Fair Oaks

LIGHT, YOGURT, STRAWBERRY MILK

Light
you see
        then hear

—from my pillow the bedroom
window, now and then,

        twitches

(onethousandONE
        onethousandTWO
                onethousandTHREE)

the sky letting loose a distant
ripple of sound
        —another electric night
in June
        while in the current of the Oder River trees
are like toothpicks
as cattle circle ponds once pastures, banks over-
flowing
as precious books
        drip dry
on clotheslines
in the Czech Republic, the summer
freakish . . . And me

sleepless in Spain, the words *neuron synapse dendrite*
skittering across my mind—
the dome of the sky is night's brain

and I rise, reaching
for the switch, slide
into slippers and head

LUZ, YOGUR, LECHE DE FRESA

Luz
que ves
        y luego oyes

—desde mi almohada la ventana
del dormitorio, de vez en cuando,

        parpadea

(mil UNO
        dos mil DOS
                tres mil TRES)

y el cielo suelta un distante
sonido ondulado
                —otra noche eléctrica
de junio
        mientras en la corriente del Río Oder los árboles
son como palillos
y el ganado rodea charcas que eran praderas,
desbordándose las orillas
mientras valiosos libros antiguos
        se secan
colgados en cuerdas
en la República Checa, un verano
extraño . . . Y yo en España

sin conciliar el sueño, las palabras *neurona sinapsis dendrita*
pasan rozando mi mente—
la bóveda del cielo es el cerebro de la noche

y me levanto, enciendo
la luz, poniéndome
las chinelas para ir

for the kitchen, remembering
what I wondered as a child
whenever I opened and shut

refrigerator doors: *what happens when I
close it? Does it stay
on?* . . . and what I would normally

do—peel off
the aluminum
seal, slip

the spoon in ignoring
the layer of liquid
on top, begin to eat—I do

different this time: am I thinking
of Father Dan, who, back home,
had buried her?
            how in the months that followed
I watched him raise a chalice
every morning
to his lips

so that I raise this cup of yogurt to mine,
whiffing the flavor
a second before savoring it?—is it this "juice"

on my tongue
only?
or how the two inter-

lace: the smell,
the taste
        of strawberry?—the rabbit's
ears
drooping on the pink
cartoon label, the straw's

a la cocina, acordándome
de esa pregunta de mi niñez
cuando abría y cerraba

refrigeradoras: *¿Qué ocurre cuando*
lo cierro, se queda
encendida? . . . y lo que solía

hacer—quitar
la tapa de aluminio,
meter

la cuchara, ignorando
la capa de líquido
de encima, comer—lo hago

diferente esta vez: ¿Estoy pensando
en el Padre Dan
que allá la enterró?
        ¿en cómo los meses siguientes
le observaba llevar un cáliz
cada mañana
a sus labios

igual que llevo esta copa de yogur a los míos
notando su aroma
antes de saborearlo? ¿Se trata de este "jugo"

en mi lengua
sólo,
o cómo los dos se entre-

mezclan: el olor,
el sabor
        a fresa?—las orejas
caídas
del conejo dibujado
en la etiqueta rosa, el cuello

neck a tiny
accordion
        the way it curls
out of my mouth, my eyes
crusty with sleep—
        still blinded
by the switched-on light
                while she
crouching at my bed
        is reaching for the glass
as the slurping abates
—getting a little boy

ready for the first grade

de la paja como un minúsculo
acordeón,
        cómo se curva
desde mi boca, mis ojos
somnolientes
        aún cegados
por la luz repentina
                y ella
en cuclillas
junto a mi cama
        alcanzando el vaso
al terminar yo de sorber
—alistando un niño

para su primer curso

KLEIN ON MOURNING

not straight, but in waves

It seems every advance in the process
deepens the subject's relations to
inner objects, happiness in regaining them

after feeling adrift and lost, an increased
trust because they appear good
and helpful after all, as in the child

step by step, building his relations to
external objects, gaining not only from things
pleasant, but from ways in which the child

overcomes frustrations . . . Mrs. A, for instance:
finally walking down familiar streets with a friend:
an attempt at old bonds. Yet moments into the stroll

the number of bustling people is too much,
the buildings strange, the sunlight artificial, bleak . . .
so that she has to retreat indoors into

a restaurant for a chair, but even there the walls
are buckling, the diners and waiters blurred—
indifferent to what she carries inside, her home

suddenly the only tolerable place—
pictures of her boy, his drawings,
in each and every room.

KLEIN SOBRE EL LUTO

no recto, sino ondulado

Parece que cada paso en el proceso
ahonda las relaciones del sujeto con
objetos internos, el gozo de recobrarlos

después de sentirse perdido, sin rumbo, una confianza
en aumento porque, después de todo, parecen
buenos y útiles, como el niño que

paso a paso, construye sus relaciones con
objetos externos, aprovechando no sólo cosas
placenteras, sino formas en que el niño

supera sus frustraciones . . . La Sra. A, por ejemplo:
por fin anda por calles conocidas con una amiga:
reanuda antiguos lazos. Pero después de comenzar el paseo

la muchedumbre le resulta demasiado,
los edificios extraños, la luz del sol artificial, triste . . .
hasta que tiene que dejar la calle y entrar

en un restaurante a sentarse, pero aun allí las paredes
se tambalean, los clientes y camareros borrosos—
indiferentes a lo que lleva dentro, su casa

de repente el único lugar tolerable—
fotos de su niño, sus dibujos,
en cada una de las habitaciones.

WINTER SUN

That my student the banker phoned
to cancel his 3 o'clock
is what triggered it, sparing

me the subway car—half my days
spent underground (as teaching on site
demands)—allowing instead

a walk in the winter sun, this unhurried
errand—picking up a new
pair of glasses—producing in me

a mood I'm trying to name, the air
—after last night's storm—
crisp enough to taste, sprinkled

with sputtering vespas and horns,
the newly scrubbed neoclassic
façades along Alcalá

and faces, faces glanced
or gazed at, waiting for the light
to change, as it did ten years

ago when I was first a student
in Spain: the last class of the week
finished and so I'd stroll

to the port—not sidewalks along the street
but one wide walk, traffic streaming up
and down, both sides of it: La Rambla—

past merchant pavilions on my right
and left: newsagents, florists, pet
sellers and their chirping cages

SOL DE INVIERNO

Que mi alumno el banquero llamara
para cancelar su clase de las tres
lo provocó, ahorrándome

el vagón de Metro—media jornada
la paso bajo tierra (dar clases donde trabajan
así lo requiere)—dando lugar

a un paseo bajo un sol de invierno, este
mandado sin prisa—recoger un par
de gafas nuevas—causando en mí

un humor que intento nombrar, el aire
—después de la tormenta de anoche—
lo suficiente fresco para saborear, rociado

de ciclomotores destartalados y cláxones;
y estas fachadas neoclásicas, recien
fregadas, por la calle de Alcalá

y rostros, rostros vislumbrados
u observados, esperando que cambie
el semáforo, igual que hizo hace

diez años, cuando estudiaba por primera vez
en España: acabada la última clase
de la semana, paseaba hasta

el puerto—no eran dos aceras que bordeaban la calle
sino una ancha por medio, tráfico arriba
y abajo, fluyendo a cada lado: La Rambla—

pasando por puestos a mi derecha
e izquierda: kioskos de prensa, de flores,
de mascotas y sus jaulas que gorjeaban

the year I lived on the Mediterranean
meeting, my second week there,
Sandra & Bob—we sold

our cottage in Bournemouth
so we could navigate, live
docked in a port city a stretch

and sail to the next, she said, lathering
up a little dog, Sandra
& Bob, those walks to the harbor, sipping

tea into the early evening on their boat, home
away from home until they headed
back to England that spring, the adventure

altered, failed, the shadow of their absence
for weeks after they left
difficult to name, as it's hard to name

this, the opposite: something, perhaps,
approaching exhilaration,
subdued joy—those Fridays in college

I didn't cross the bay to the City,
and would meet her
—who'd taken BART

for me—at Mario's on Telegraph
and Haste: tamales, beans, and rice
on a huge plate . . . It's been a year

and a day. A year and a day since I was sailing
west across the states,
the 767 hugging the earth,

and she below, her breathing
labored, slowly drifting away

el año que viví en el Mediterraneo
conociendo, mi segunda semana allí,
a Sandra y Bob—*vendimos*

nuestro bungalow en Bournemouth
para navegar, vivir un tiempo
atracados en el puerto de una ciudad

y salir a la siguiente, me dijo ella,
enjabonando su perrito, Sandra
y Bob, esos paseos al muelle, sorbiendo

té hasta entrada la noche en su barco:
un segundo hogar hasta que volvieron
a Inglaterra en mayo, su aventura

cambiada, frustrada, la sombra de su ausencia
durante semanas después de su marcha
difícil de nombrar, como es nombrar

esto, lo contrario: algo, quizá,
que se aproxima a la alegría,
un júbilo sojuzgado—esos viernes en la facultad

que no cruzaba la bahía a la ciudad,
y me reunía con ella
—que había tomado el BART

en mi lugar—en *Mario's*, esquina Telegraph
y Haste: tamales, frijoles, y arroz
en un plato enorme . . . Hace un año

y un día. Un año y un día desde que volaba
cruzando los estados hacia el oeste,
el 767 abrazando la tierra, y ella

abajo, su respiración forzada—
a la deriva, yéndose lentamente

LA PAZ

Not

   Bolivia's capital or some
notion of Peace, but what locals
   call a cluster

of buildings just beyond
   Plaza Castilla—one,
if you're a bird

   riding the wind
at a certain height,
   resembles a ring: below,

patients, up
   and about, stretch their legs
down corridors that

   curve and never end.
Our friend, propped
   against a pillow, gazes

out the tenth floor's
   slightly tinted glass, his brow
a light orange as the day

   wanes—the sun
low, awash in the sky's distant band
   of airborne grime

and that other block of wards
   gray and brown
at Valencia and Army

LA PAZ

No

la capital de Bolivia o alguna
noción de paz, sino lo que
los madrileños llaman un conjunto

de edificios poco más allá
de la Plaza Castilla—uno,
para un pájaro

sostenido por el viento
a cierta altura,
parecería un anillo: abajo,

algunos pacientes estiran
las piernas
paseando por pasillos

circulares que nunca terminan.
Nuestro amigo, apoyado
en una almohada, mira

por la ventana ligeramente oscura
del décimo piso, su frente
de color naranja mientras el día

se acaba—el sol
se baña a lo lejos
en la cinta sucia del horizonte

y aquel otro pabellón
gris y marrón
esquina Valencia y Army

back home, rises
—Memory's crystals—
    along with that night

as a child, I was kept
    in the dark, whisked
off to a cousin's

    to play with guns
and Hot Wheels, an extra mattress
    on his bedroom floor

as a man at Saint Luke's
    wearing a square of cloth
over his mouth worked

    on her for hours . . .
And I remember the blunt
    gray of her metal

walker when finally
    taken—walking
slowly beside her

    down fluorescent halls.
That time
    she made it

barely, never to hunch again
    at her table
at the bank. We'd reach the end

    and turn—step
by step—a right
    angle and

allá en mi ciudad, brota
—relámpago de memoria—
con aquella noche

de mi niñez, cuando me lo
ocultaron, llevándome
de prisa a casa de un primo

a jugar con pistolas
y cochecitos, poniendo para mí
un colchón en el suelo

mientras un hombre en Saint Luke's
con un cuadro de tela
en la boca le operaba

durante varias horas . . .
Y recuerdo el gris
apagado de su andador

de metal cuando por fin
me llevaron—andaba yo
despacio a su lado

por pasillos de fluorescencia.
Aquella vez
salió ilesa

apenas, para no encorvarse
más sobre su mesa
en el Banco. Llegábamos al final

y doblábamos—paso
a paso—la esquina
y continuábamos, pasando

continue past the nurse's desk
  repeating minutes
later the same maneuver

  and I, from time
to time, glancing
  up at the "zipper"

the color of my skin
  that began
at the shaven base

  of her head
and went
  a few inches

down
  the back
of her neck.

Madrid, 1999

delante de la enfermera
   repitiendo minutos
después la misma maniobra

   y yo, de vez
en cuando, echaba
   una mirada a esa "cremallera"

color de mi piel
   que empezaba
en la base afeitada

   de su cabeza
y corría
   unas pulgadas

abajo
   a lo largo
de su nuca.

Madrid, 1999

TRICYCLES

to my mother (1932-1997)

Metal-gray, sturdy—
those heavy-duty ones we rode
on Fridays: being led
out of a bright church
basement and through swinging
glass doors into that dim
seemingly round room—hardwood
floor we circled counter
clockwise pedaling and
pedaling with exuberant deter-
mination, as if to play
were a serious matter, which
it was: me and a friend climbing
off, leaving them riderless,

sneaking up spiral stairs, exploring
the pews, organ chamber, statue
of what looked like—I never told you—
a lipsticked Virgin, the chemical
smell of synthetic carpet

—burned, torn down two terms
after we "graduated": the empty lot
we'd pass heading for Cala
Foods (you'd let me push
the cart) for years wild with weeds
till it became the space
it is today, *The Palm Broker*
selling trees on Guerrero Street
      —it's now

TRICICLOS

a mi madre (1932-1999)

Gris metálico, macizos—
con ellos jugábamos
los viernes: del sótano luminoso
de una iglesia nos llevaban
por puertas de cristal
a ese cuarto de poca luz
que parecía redondo, suelo
de madera por el que dábamos
vueltas pedaleando y
pedaleando—una alegre
determinación, como si jugar
fuera una cosa seria, que
lo era: un amigo y yo bajándonos,
abandonándolos, subiendo

a escondidas una escalera de caracol
explorando entre bancos de iglesia,
el órgano, una estatua que parecía
—nunca te lo dije—una virgen
con los labios pintados, ese olor
a moqueta sintética . . .

—quemada, derrumbada dos cursos
después de "graduarnos": pasábamos
por aquel solar camino
del mercado (me dejabas empujar
el carrito)—durante años con hierba salvaje
hasta que el lugar se convirtió
en lo que hoy es un vivero:
árboles a la venta en la calle Guerrero
—es ahora

I know
the shield you were those frugal years

And the long-haired man
who sat in the sandbox
with us on warm days—once,
after it fell from my hands, I ate
a crunchy noisy sandwich;
I thought he was a Beatle, driving
you mad: *Revolution* screeching
over and over on Maria's
turntable at home

And the black and white
photograph snapped of me
I glimpsed in a manila envelope

the other day—the moving
picture in my head
sharpening into focus
             of you
in that basement
crouching at a low table:
those geometric shapes
like stained glass only plastic
the click and snap of attaching
them to each other—helping me
for ten, fifteen minutes
before whispering
in my ear, disappearing behind

the door I rise toward when I grow
tired of waiting. What is it
exactly, I'm feeling
when I see you're gone, that brings
wetness to my cheeks, wetness

que me doy cuenta
del escudo que fuiste aquellos años de escasez

Y el hombre de cabellos largos
que se sentaba con nosotros
en el cajón de arena
los días de sol—una vez
después de que se me cayó,
comí un sandwich crujiente
y ruidoso; creía que él era
un Beatle—te volvía
loca: "Revolution" chirriando
una y otra vez en el tocadiscos
de María, en casa

Y la foto en blanco y negro
que me hicieron,
que vislumbré el otro día

en un sobre grande—un retrato
en movimiento
enfocándose en mi cabeza
                    de ti
en aquel sótano
en cuclillas junto a una mesita:
esas formas geométricas
como vidrio de color pero plástico,
el *clik* y el *clak* de juntarlos:
tú ayudándome
durante cinco, diez minutos
antes de susurrarme
en el oído, desapareciendo detrás

de la puerta a la que me dirijo
cuando me canso de esperar. ¿Qué es
exactamente lo que siento

absent decades later before
your casket? What was it
I began to lose
that first day? How well
you knew me then, knowing
that tricking me
          was how
that first morning
you'd get me to stay

cuando veo que no estás, que
humedece mis mejillas, ausente

esa humedad décadas después
ante tu ataúd? ¿Qué fue
lo que empezé a perder
aquel primer día? Qué bien
me conocías entonces, sabiendo
que engañándome
            era cómo
aquella primera mañana
conseguirías que me quedara

THE CALENDAR

I want to tell you how, in the fraction
of an hour, waiting for the J
at Market and Church, I saw four

fragile men managing
through an afternoon: two with
canes, though not of the age when canes

are used. I want to tell you of the friend
I rang, how I heard
another voice, how I spoke

to a machine: my message returned early
the next morning—the news
five weeks old—*he's passed away* . . .

but don't, and hand you the promised
gift, back from a place
I sometimes miss, thinking in turn

of your mother, up in
Burgos, well into her seventh
decade, the left side of her

still as the frigid January air
outside her window—*waiting*
you said, *to expire*. But for now

just let me watch the way you switch
glasses to leaf
through a year: February, March, April,

EL CALENDARIO

Quiero contarte cómo, durante unos
momentos, esperando al J
esquina Market y Church, vi a cuatro

hombres frágiles sorteando
una tarde: dos iban con
bastones, aunque no tenían edad

para usar bastones. Quiero contarte sobre un amigo
al que llamé, cómo escuché
la voz de otro, cómo hablé

con una máquina: mi mensaje contestado
la mañana siguiente—la noticia
reciente—*ha fallecido* . . .

pero no te lo cuento, y te doy el regalo
prometido, de un lugar
que a veces extraño, y pienso

en tu madre que está
en Burgos, pasados
los setenta años, su lado izquierdo

quieto como el aire helado de enero
detrás de su ventana—espera
me dices, expirar . . . Por ahora

déjame ver cómo cambias de gafas
para hojear
un año: febrero, marzo, abril,

pausing awhile at May: *The Palace*
of Fine Arts . . . or, better still:
tell you of my early morning

walk—traffic, horns, the uneven wailing
of the day's first
sirens—down Génova to Plaza

Colón: descending the stairs
for a stroll behind the clear, blue
thundering sheet of water,

thinking ahead: Río Frío
Café, breakfast
with you.

deteniéndote en mayo: *El Palacio*
de Bellas Artes . . . o, mejor aún:
te contaré el paseo de esta mañana

muy temprano—el tráfico, los pitidos, el llanto
de las primeras sirenas
del día—por Génova hasta la Plaza

de Colón: bajando las escaleras
a pasear por detrás de esa cortina
de agua azul que truena,

pensando en lo que me espera:
el Café Río Frío, desayunar
contigo.

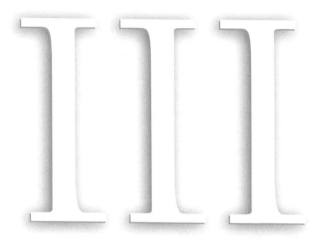

but for now the moon is revealing itself like a pearl
to my equally naked heart

FRANK O'HARA

MADRID IN JULY

The whirling breath
of dryers left open;
the blood that thrives

whenever I glimpse
the hair on his wrist—
picturing those hands

and how they prepare
salmon: removing each bone,
the body peeled and smoked

so clients can dine
in style, he says;
he and I folding,

stacking well into the afternoon
tablecloths and napkins
and once, a rare

summer sky: blue
and silver sheet approaching
electric with rain

—those sudden drops
cool as we step
from the fragrant

laundry air,
refreshed and alert
the four blocks home.

MADRID EN JULIO

El aliento giratorio
de los secadores abiertos;
el pulso que se acelera

cuando vislumbro
el vello en su muñeca—
imaginándome esas manos

y cómo preparan
salmones: quitando cada espina,
pelando y ahumando el cuerpo

para que los clientes
coman bien, me dice;
él y yo doblando,

apilando toda una tarde
manteles y servilletas
y una vez, un cielo

raro de verano: una sábana
plateada y azul se acerca
con lluvia eléctrica

—esas gotas repentinas,
frescas mientras abandonamos
el fragrante aire

de la lavandería,
refrescados y alertas
caminando a casa.

WINTER SOCKS

The first flakes of December
—like the pages and
pages of desk
calendars: a confetti of days
at year's end—drift

over the streets
outside as he switches
on the electric
fire at my feet, wrapped
in thick old socks

of wool—*distant cousins,* he jokes
briefly walking out, *of that pair Neruda*
wrote his ode to
late in his years. Sitting and reading
Quixote for the first time,

my affection for Sancho real.
Waiting for him
to re-enter the room
and slip them off
or, not bother, leaving them on

CALCETINES DE INVIERNO

Los primeros copos de diciembre
—como páginas y
páginas de calendario
de mesa: un confeti de días
al acabar el año—flotan

sobre las calles
afuera mientras él
enciende la estufa
a mis pies, envueltos
en unos gruesos calcetines

de lana—parientes lejanos, bromea
al salir del cuarto, del par al que Neruda
escribió su oda en sus
últimos años. Y yo sentado, leyendo
el Quijote por primera vez,

palpable mi cariño por Sancho;
esperando que él
vuelva a entrar
para quitármelos
o, sin molestarse, dejármelos puestos

LUNCH BREAK

Two hours between classes.
The short Metro ride home.
Coffee table, plates, glasses,

the TV flickering afternoon
news, sometimes a car bomb . . .
And in the kitchen the singular tune

of his voice, his jokes, recounting this
or that—plot of a novel, book
he's put down, I bought for his

monthly fix (how he'd love
reading in the park what I took
half an hour to choose). Above

all, the sofa: digestion a nap,
my head nestled in his lap.

HORA DEL ALMUERZO

Dos horas entre clases.
El viaje breve en Metro a casa.
Mesa de salón, platos, vasos,

la tele luciendo noticias
de tarde, a veces un coche-bomba . . .
Y en la cocina el tono único

de su voz, sus chistes, contando esto
y aquello—argumento de novela, libro
que ha dejado, que le compré:

su dosis mensual (cómo le encantaba
leer en el parque lo que tardé
media hora en escoger). Sobre

todo, el sofá: la digestión una siesta,
mi cabeza recostada en su regazo

MI CORAZÓN IS A BILINGUAL MIRROR

So right for me to draw it
like this, in these times:
It gathers lint in your pocket
For him, these rhymes.

Un acierto para mí dibujarlo
así, en este clima:
Recoge pelusa en tu bolsillo
Para él, esta rima.

VEO LO QUE DICES WHEN YOU WRITE:

My new tongue, my small triumph
and you stroke the back of his neck
whispering, "I study Mandarin thinking

of you." Yes, I see what you're saying
cuando escribes: *Mi nueva lengua,*
pequeño triunfo, y acaricias suavemente

su nuca, susurrando: "Estudio
la lengua china pensando en ti."
For I recall a first morning, waking

beside the sound of his breathing,
sitting up & thinking, *What time is it?*
but uttering with surprise & wonder

when he opens his eyes, "¿Qué hora es?"
And instead of reaching for his watch
on the nightstand by his shoulder

he rises and pecks my cheek.

after Laurie Regan

BRIDGE OVER STRAWBERRY CREEK

" . . . à la belle étoile . . . "

The path off the West Crescent that turns
briefly into the small
wooden bridge, and above it a canopy of leaves
—crossed and recrossed

through the years, never pausing once for a peek
over the edge—the surface
blooming with concentric rings it's
beginning to rain

or water-striders skating around a stagnant
section of the creek.
And when I chose my place that morning
at the open window—redwoods

framed against June's day blue—it wasn't
the wind in the trees which
if I closed my eyes, had me on a balcony
in Sitges those summer nights

listening to the Mediterranean breathe
but rather the fact
of her voice, Madam Boucher's—meaning & sound
meshing in a phrase I'm 12

and lying on a bed of chipped wood, warm
snug in the bag
facing the stars, my head sifting
the day: a morning hike, a dip

in the Russian River before lunch, before
the doorless stalls, the dank
cement on the soles of my feet, the towels
the soap, the rich lather

lacing his chest

PUENTE SOBRE STRAWBERRY CREEK

" . . . à la belle étoile . . ."

Sendero que nace en West Crescent que se convierte
brevemente en un pequeño
puente de madera, y por encima un techo de hojas
—cruzado y vuelto a cruzar

durante años, nunca deteniéndome a ojear
por encima de la barandilla—anillos concéntricos
brotan en la superficie y es
que empieza a llover

o son tejedores que patinan sobre una parte
estancada del riachuelo.
Y cuando escogí mi sitio esa mañana
al lado de una ventana abierta—los secoyas

enmarcados contra el azul de junio—no era
el viento en los árboles que
cuando cerraba los ojos, me transportaba a un balcón
en Sitges aquellas noches de verano

escuchando respirar el Mediterráneo,
sino el hecho
de su voz, la de Madame Boucher—sonido y significado
enredándose en una frase . . . tengo 12 años y estoy

tumbado sobre la hojarasca, calentito,
cómodo en mi saco
mirando a las estrellas, mi mente repasando
el día: una caminata por la mañana, un chapuzón

en el Río Ruso antes de comer, antes
de las duchas sin cortinas, la humedad
del cemento en las plantas de mis pies, las toallas
el jabón, la espuma dibujando

encajes sobre su pecho

ALASKA

I never heard from you again.
Was it something I said, the paunch (though
a friend from Bilbao that spring didn't
mind it at all)? It's years now and you're still

rising to the surface to feed: this morning I
sat up in bed: you'd been shoveling snow
in my sleep, clearing a drive to back out a truck . . .
I'm often sketching in my mind

the heft of you, recalling how the rich
timbre of your voice was a well
I drank from that summer afternoon
at Kearny and California in the shade

of the bank, how we strolled down Sutter
into the Arcade. Had a spy
eyeing us both through the glass
bugged our table, he'd

have jotted down the summary
you gave—I'd been away so long
*Montana's with the Chiefs now, it's Young
who runs the show*. But what I keep the most

is the place you planned
to return to—apple
cores, orange and banana
peels and other winter trash blooming

you said, along the shoulders of the road
when the snow begins to melt.
. . . in the dream you're shifting
gears, the tires gripping, and Alaskan days

ALASKA

Nunca supe más de ti.
¿Acaso fue algo que dije, mi barriga (aunque
a un amigo de Bilbao esa primavera no
le importaba nada)? Son años y todavía

subes a la superficie a comer: esta mañana
me incorporé en la cama: habías estado retirando nieve
mientras dormía, abriendo paso para sacar un camión . . .
A menudo dibujo en mi mente

tu figura corpulenta, recordando cómo el timbre
espeso de tu voz era un pozo
del que bebía aquella tarde de verano
esquina Kearny y California a la sombra

del Banco, cómo paseamos por Sutter
entrando bajo los portales. Si un espía
nos hubiera vigilado a través del cristal
habría puesto un micrófono debajo de la mesa, habría

escrito el resumen que me diste
—había estado fuera tanto tiempo
Montana está con los Chiefs ya, es Young
quien manda ahora. Pero lo que más recuerdo

es el lugar adonde pensabas
volver—corazones
de manzana, cáscaras de naranja,
plátano y otras basuras de invierno que brotan

dijiste, al lado de la carretera
cuando la nieve empieza a deshacerse.
. . . en el sueño estás cambiando
de marcha, los neumáticos agarrándose, los días de Alaska

stretch getting longer, lengthening to the point
that when our limbs and lids
grow heavy with sleep, we bring
on the dark by pulling

it down—
        those black
window shades;
wrapped in your arms.

se estiran, prolongándose, alargándose hasta tal punto
que cuando nuestros párpados, brazos, piernas
se caen de sueño, traemos
la oscuridad con solo

bajarlo—
   esas persianas
negras; y yo
envuelto en tus brazos.

THE NORTHSIDE CAFÉ

revisiting Berkeley, 1999

The Northside
     Café, where we
would meet,
     boarded up;

a decade
     since I felt
connected, since
     sunlight

glimmered
     through flowers
etched in glass;
     recalling it now:

your front door,
     hallway where we
embraced
     that August

afternoon, me
     headed for Spain
the next morning,
     and you

set to live
     another two
semesters . . .
     I breathe

your absence in,
     have felt it all
these years,
     my focus blurred—

no north,
     no compass,
lost . . . *Remembering*
     Jack Walsh

EL CAFÉ NORTHSIDE

visitando de nuevo Berkeley, 1999

El Café
    Northside, donde
nos reuníamos, cerrado
    —con tablones;

una década desde
    que me sentí
vinculado, desde que
    la luz del sol

se filtraba
    a través de flores
grabadas en cristal;
    lo recuerdo ahora:

tu portal,
    el pasillo donde
nos abrazamos
    aquella tarde

de agosto, yo
    me iba a España
la mañana siguiente,
    y tú

a vivir
    otros dos
semestres . . .
    Respiro hondo

tu ausencia,
    palpable todos
estos años,
    mi enfoque nublado—

sin norte,
    sin brújula,
perdido . . . *Recordando*
    a Jack Walsh

WHAT ELSE WILL I RECALL

of those years? The first of the many times
I walked through Barajas, heading
for conveyer belts to get my bags,

eyeing the automatic weapon
a man in green held at his hip,
feeling mildly taken aback. Will I

remember the four-hour stroll
later that day, the street forking
—Alcalá and Gran Vía's huge

hand-painted marquees, Sylvester
Stallone, Madonna, Goldie Hawn?
And the sweaty bus ride from Madrid

to the coast five weeks later,
sleeping in dorms before settling
with a family, my first glimpse

of that filthy city beach. Or will it be
the Barcelona of years later
that rises?—going back . . . a tourist selling

a ticket to the 100-meter heats:
entering the stadium on Monjuïc,
the city a bottleneck of the world.

For now, that moment I stepped
off the plane: let me remember well
the white-haired man

descending ahead of me, turning
around, wiping the sweat
from his brow, ¡Ay,

¿QUÉ MÁS RECORDARÉ

de esos años? La primera de las muchas veces
que llegué a Barajas y me dirigía
a esas cintas por mi equipaje,

mirando, sorprendido, el arma automática
que un hombre de verde sostenía
en su cadera. ¿Recordaré

el paseo de cuatro horas que di
luego ese día, la calle que se bifurcaba
—Alcalá y Gran Vía y sus enormes

marquesinas pintadas a mano, Sylvester
Stallone, Madonna, Goldie Hawn? Y el
viaje sudoroso en autobús desde Madrid

a la costa cinco semanas después, durmiendo
en un colegio mayor antes de encontrar
familia; vislumbrando por primera vez

esa playa sucia de ciudad. ¿O será
la Barcelona de años después
la que emerge? . . . un turista que vendía

un boleto a los 100 metros: el entrar
al estadio de Monjuïc; la ciudad
albergaba al mundo como cuello de botella.

Por ahora, el momento que bajaba
del avión: déjame que recuerde bien
al hombre de cabello blanco

que descendía delante de mí, volviéndose,
secándose con la mano
el sudor de la frente —¡Ay,

qué calor—Madrid en agosto
es algo insoportable! and how
something in me fluttered

hearing those vowels, as if I started
to understand, as if those rhythms
carried, even then, the message

I'd take years to unravel

qué calor: Madrid en agosto
es algo insorportable! . . . y cómo
algo dentro de mí se agitó al oír

aquellas vocales, como si empezara
a comprender, como si aquellos ritmos
contenían, incluso entonces, el mensaje

que tardaría años en descifrar

NOTES TO SOME OF THE POEMS

"Rubén Darío As Prelude"

This is a free version of Rubén Darío's poem "Lo fatal," which ends his collection *Cantos de vida y esperanza* (1905) and can be read in the original in the Spanish notes that follow. Although he was born and he died in Nicaragua, where he is buried, Rubén Darío (1868-1916) spent most of his adult life abroad, including extended periods in Madrid, Spain.

"Plaza"

The "war" in question is the Spanish Civil War (1936-1939).

"All Saints' Day"

The late Giulietta Masina's husband was the Italian film director Federico Fellini, who is on his deathbed toward the beginning of the poem. Shortly after that reference, another "husband," kidnapped, is freed after 117 days of captivity. This took place in the Basque country in the north of Spain, and his name was Julio Iglesias Zamora. Less lucky was the army doctor who dominates the rest of the poem. He was the victim of a terrorist assassination in Madrid on 30 November 1992. His name was Miguel Miranda Puertas.

"February Snow"

This poem is addressed to my friend Pat McCluskey. Reference is made to his family: his wife Linda, daughter Erin, nephew Scott, and mother Marion. Reference is also made to the five mortal victims of a terrorist car bombing in Madrid that took place on 6 February 1992. Their names were Ramón Carlos Navia Refojo,

NOTAS A ALGUNOS DE LOS POEMAS

"Ruben Darío As Prelude"

Ésta es una versión libre del poema de Rubén Darío que se titula "Lo fatal", al final de su poemario *Cantos de vida y esperanza* (1905). Aunque nació y murió en Nicaragua, donde está enterrado, Rubén Darío (1867-1916) pasó mucho tiempo en el extranjero, incluso temporadas en Madrid.

LO FATAL

a René Pérez

Dichoso el árbol que es apenas sensitivo,
y más la piedra dura, porque esa ya no siente,
pues no nay dolor más grande que el dolor de ser vivo,
ni mayor pesadumbre que la vida consciente.

Ser, y no saber nada, y ser sin rumbo cierto,
y el temor de haber sido y un futuro terror . . .
y el espanto seguro de estar mañana muerto,
y sufrir por la vida y por la sombra y por

lo que no conocemos y apenas sospechamos,
y la carne que tienta con sus frescos racimos
y la tumba que aguarda con sus fúnebres ramos,
¡y no saber adónde vamos,
ni de dónde venimos . . . !

"Plaza"

La guerra en cuestión es la Guerra Civil Española (1936-1939).

Emilio Domingo Tejedor Fuentes, Francisco Carillo Pérez, Juan Antonio Núñez Sánchez, and Antonio Ricote Castilla.

"First Time Out"

This poem is dedicated to Bob and Sandra Innes, dear friends who took me out on their sailboat in the spring of 1988 in Barcelona. Bob and Sandra also make an appearance in "Winter Sun."

"The Hike to *Big Fountain:* Granada"

The Spanish poet Federico García Lorca (1898-1936), murdered at the outbreak of the Spanish Civil War, was thrown into an unmarked grave on a hillside somewhere between the villages of Alfacar and Viznar, in the province of Granada.

"Tertulia"

This poem is dedicated to Alberto Vera, Óscar Yáñez, José Antonio Marañón, and Juan Marañón. The term "tertulia" has no direct translation into English. It is an informal gathering of friends, usually in a public place like a café, for the purpose of conversation.

"The Last Days of My Visit"

"Kezar" is Kezar Stadium at the edge of Golden Gate Park in San Francisco. The "de Young" is a museum in the same park. "Fair Oaks" is Fair Oaks Street in San Francisco, in the Mission District.

"Light, Yogurt, Strawberry Milk"

"Father Dan" is my good friend Dan Carter, pastor, at the time, of Saint James Church in San Francisco.

"Klein on Mourning"

Melanie Klein (1882-1960) was an Austrian psychoanalyst influenced by Sigmund Freud who pioneered therapeutic

"Día de Todos los Santos"

El marido de la ya desaparecida Giulietta Masina era el cineasta italiano Federico Fellini, quien está en su lecho de muerte hacia el comienzo del poema. Poco después, aparece otro "marido", secuestrado y liberado después de 117 días en cautividad. Esto tuvo lugar en el país vasco en el norte de España, y se llamaba Julio Iglesias Zamora. Menos afortunado fue el médico militar que destaca en el resto del poema. Fue una víctima mortal de un asesinato terrorista en Madrid el 30 de noviembre de 1992. Se llamaba Miguel Miranda Puertas.

"Nieve de febrero"

Este poema va dirigido a mi amigo Pat McCluskey. Hay referencias a su familia, quienes son: su esposa Linda, su hija Erin, su sobrino Scott y su madre Marion. También se hace referencia a cinco víctimas mortales de un coche-bomba en Madrid. El atentado tuvo lugar el 6 de febrero de 1992. Se llamaban Ramón Carlos Navia Refojo, Emilio Domingo Tejedor Fuentes, Francisco Carillo Pérez, Juan Antonio Núñez Sánchez y Antonio Ricote Castilla.

"Mi primera salida"

Este poema está dedicado a Bob y Sandra Innes, queridos amigos que me pasearon en su barco de vela en la primavera de 1988. Bob y Sandra también aparecen en "Sol de invierno".

"Caminata a Fuente Grande: Granada"

El poeta español Federico García Lorca (1898-1936), después de ser asesinado al comienzo de la Guerra Civil, fue arrojado a una fosa común en un sitio indeterminado entre los pueblos de Alfacar y Víznar, en la provincia de Granada.

"El último día de mi visita"

"Kezar" es el nombre de un estadio que se encuentra en la orilla del parque Golden Gate en San Francisco. El "de Young"

techniques for children that had a great impact on present methods of child care and rearing. The springboard of this poem is a passage of her work on grief and mourning.

"Winter Sun"

"La Rambla" is an emblematic promenade in Barcelona that starts at Plaza Cataluña and goes down to the port.

"Bridge Over Strawberry Creek"

The first part of this poem takes place on the UC Berkeley campus. Sitges is a coastal Mediterranean village half an hour south of Barcelona. The Russian River is north of San Francisco.

"Alaska"

Bilbao is a city in the Basque Country in the north of Spain. The "bank" in the fourth stanza is the Bank of America building in the financial district of San Francisco.

"What Else Will I Recall"

The airport in Madrid is called Barajas. Alcalá and Gran Vía are two emblematic streets that, at one point, converge and then continue as Alcalá only. Monjuïc is a fairly sizable hill at the edge of Barcelona overlooking the city and the port. The Olympic Stadium for the 1992 summer games was built there.

es un museo que se encuentra en el mismo parque. "Fair Oaks" es la calle en que nací y pasé mi niñez. Se encuentra en el barrio llamado Mission District.

"Luz, yogur, leche de fresa"
"Padre Dan" es mi buen amigo Dan Carter, párroco, entonces, de Saint James, parroquia en San Francisco.

"Klein sobre el luto"
Melanie Klein (1882-1960) era una psicoanalista austriaca influida por Sigmund Freud, y que fue una pionera en técnicas terapéuticas para niños que tuvieron impacto en los métodos del cuidado y crianza de niños. Este poema se inspira en un pasaje de su obra sobre el luto.

"Sol de invierno"
"La Rambla" es un paseo emblemático en Barcelona que comienza en la Plaza de Cataluña y va hasta el puerto.

"Puente sobre Strawberry Creek"
La primera parte de este poema tiene lugar en el "campus" de la Universidad de California en Berkeley. Sitges es un pueblo en la costa mediterránea al sur de Barcelona. El Río Ruso está al norte de San Francisco.

"Alaska"
Bilbao es una ciudad en el País Vasco en el norte de España. El "Banco" en la cuarta estrofa es el edificio del Banco de América en el distrito financiero de San Francisco.

"Qué más recordaré"
El aeropuerto de Madrid se llama Barajas. Alcalá y Gran Vía son dos calles emblemáticas. Monjuïc es una colina bastante grande a la orilla de Barcelona con vistas panorámicas de la ciudad y el puerto. El Estadio Olímpico para los juegos de 1992 fue construido allí.

A ACKNOWLEDGMENTS

I would like to acknowledge the following publications where these poems have appeared, at times in earlier versions:

El Andar: "Rubén Darío As Prelude" (previously titled "The Inevitable")

Berkeley Poetry Review: "Poem"

Dánta, a poetry journal: "First Time Out," "All Saints' Day"

Gertrude: "Madrid in July," "Winter Socks," "Poem," "The Northside Café," "Tertulia," "Bridge Over Strawberry Creek."

in*tense: "Bridge Over Strawberry Creek," "What Else Will I Recall"

Jacket (Internet): "City Moon," "Light, Yogurt, Strawberry Milk"

La Calaca Review: "Poema," "Veo lo que dices when you write:"

Luna: "Plaza"

La Palabra: "Plaza" (Spanish version)

modern words: "Madrid in July," "Winter Socks"

The Noe Valley Voice: "The Last Days of My Visit"

Puerto del Sol: "Alaska" (English and Spanish versions)

Spark (Internet): "Veo lo que dices when you write:"

Terra Incognita: "Café Central" (English and Spanish versions)

The Tule Review: "Of Rain and Guitars"

ZYZZYVA: "The Calendar"

"Tricycles" appeared in the anthology *Inventions of Farewell: A Book of Elegies* (W. W. Norton & Company, 2001)

"City Moon," "The Hike to *Big Fountain,*" "Klein on Mourning," "Winter Sun," "Madrid in July," "Mi Corazón Is a Bilingual Mirror," "Veo lo que dices when you write:," and "Tertulia," (along with their Spanish versions) comprise *Tertulia* (BOOKlyn, New York, 2002), a limited edition chapbook.

"February Snow" and "Lunch Break" appeared in *In Praise of Cities* (Momotombito, Chicago, 2002), a limited edition chapbook.

"The Last Days of My Visit," "Light, Yogurt, Strawberry Milk," "Winter Sun" (previously titled "Friday Afternoons"), "La Paz," and "Tricycles" appeared in *Light, Yogurt, Strawberry Milk* (The Chicano Chapbook Series, # 26).

"Mi Corazón Is a Bilingual Mirror" was a limited edition broadside in the form of an *ofrenda* as part of *The Landlocked Broadside Competition* at the University of Notre Dame in the spring of 2003.

ACKNOWLEDGMENTS (continued)

I would like to thank Tom Barber, who first got me interested in poetry; Ishmael Reed and Peter Dale Scott, for their encouragement early on at UC Berkeley; Gary Soto, who was particularly supportive when I returned from Spain; Thom Gunn, August Kleinzahler, and Robert Pinsky, whose generosity continued well after I left UCB and moved to Madrid; Alan Williamson, Sandra M. Gilbert, Robert Vásquez, and Gary Snyder, with whom I studied at UC Davis; Francisco X. Alarcón, who provided the impetus to begin elaborating Spanish versions of these poems, and who has been mentor, model, and friend for many years; Jack Hicks, unwavering ally on numerous occasions; Jim McElroy, whose mentoring was superlative on various fronts, but most especially for making me see that the poems with Spain as backdrop deserved their own volume; Rigoberto González and Richard Yáñez, whose support and friendship I enjoyed, and continue to enjoy, during the period this manuscript went in search of a home; María, Martha, and Tomás, who have been unconditionally supportive, especially after losing our mother. Last, a heartfelt thanks to José María Alonso García, dear friend who provided an informal residency to complete this collection—in short, a home in Madrid during the homestretch of this book.

AGRADECIMIENTOS

Me gustaría dar las gracias a Tom Barber, quien despertó en mí el interés por la poesía; a Ishmael Reed y Peter Dale Scott, por su apoyo en UC Berkeley en los primeros años; a Gary Soto, quien me apoyó de forma particular cuando volví de España; a Thom Gunn, August Kleinzahler, y Robert Pinsky, cuyo generosidad continuó mucho después de acabar en Berkeley y mudarme a Madrid; a Alan Williamson, Sandra M. Gilbert, Robert Vásquez, y Gary Snyder, con quienes estudié en UC Davis; a Francisco X. Alarcón, quien me animó a elaborar versiones españolas de estos poemas, y quien ha sido maestro y amigo durante muchos años; a Jack Hicks, un aliado incansable en varias ocasiones; a Jim McElroy, cuyos consejos albarcaron varios frentes, y especialmente por hacerme ver que los poemas con España como telón de fondo merecían su propio volumen; a Rigoberto González y Richard Yáñez, por su amistad y apoyo durante el tiempo que este manuscrito fue en busca de un hogar; a Maria, Martha, y Tomás, quienes me han apoyado sin condiciones, sobre todo después de perder a nuestra madre. Y por último, gracias de todo corazón a José María Alonso García, muy querido amigo quien me dio un espacio donde pude completar esta colección—en fin: un hogar en Madrid durante la última etapa de este libro.

ABOUT THE AUTHOR

A native of San Francisco and long-time resident of Spain, **Francisco Aragón** has published work in numerous anthologies, including *Inventions of Farewell: A Book of Elegies* (W.W. Norton), *Under the Fifth Sun: Latino Literature from California* (Heyday Books), *American Diaspora: Poetry of Displacement* (University of Iowa Press), *How to Be This Man* (Swan Scythe Press), and *Bend, Don't Shatter* (Soft Skull Press). He is the author of three limited-edition chapbooks, most recently, *Tertulia* (BOOKlyn). His poems and translations have appeared in various print and web publications, including *Chain, Chelsea, Crab Orchard Review, Electronic Poetry Review, Jacket, Puerto del Sol,* and *ZYZZYVA.* His honors include an Academy of American Poets Prize and an AWP Intro Journals Project Award. His work as a translator includes six books, among them *From the Other Side of Night: New and Selected Poems* (University of Arizona Press) and *Sonnets to Madness and Other Misfortunes* (Creative Arts Book Company), both by Francisco X. Alarcón. He is the founding editor and publisher of Momotombo Press, which promotes emerging Latino writers and is housed at the Institute for Latino Studies at the University of Notre Dame, where he is a Visiting Fellow. He currently resides in Elkhart, Indiana.

EL AUTOR

Francisco Aragón, nativo de California, residió en Madrid entre 1989 y 1998. Su obra se ha publicado en varias antologías, entre ellas *Inventions of Farewell: A Book of Elegies* (W.W. Norton), *Under the Fifth Sun: Latino Literature from California* (Heyday Books), *American Diaspora: Poetry of Displacement* (University of Iowa Press), *How to Be This Man* (Swan Scythe Press) y *Bend, Don't Shatter* (Soft Skull Press). También ha publicado tres poemarios en ediciones limitadas, el más reciente, *Tertulia* (BOOKlyn). Sus poemas y traducciones de Federico García Lorca y Gerardo Diego se han publicado en revistas literarias estadounidenses tales como *Chain, Chelsea, Crab Orchard Review, Electronic Poetry Review, Jacket, Puerto del Sol* y *ZYZZYVA*. Sus honores incluyen un premio del Academy of American Poets. Como traductor, ha publicado varios poemarios, entre ellos *Del otro lado de la noche* (University of Arizona Press) y *Sonetos a la locura y otras penas* (Creative Arts Book Company), ambos del poeta Francisco X. Alarcón. Es fundador y editor de Momotombo Press, que promueve la obra literaria de jovenes escritores hispanos y cuyo hogar es el Institute for Latino Studies en la Universidad de Notre Dame, donde trabaja. Reside en Elkhart, Indiana.